5.-10. Schuljahr

Marino Heber

Metall

Bearbeitungsmethoden

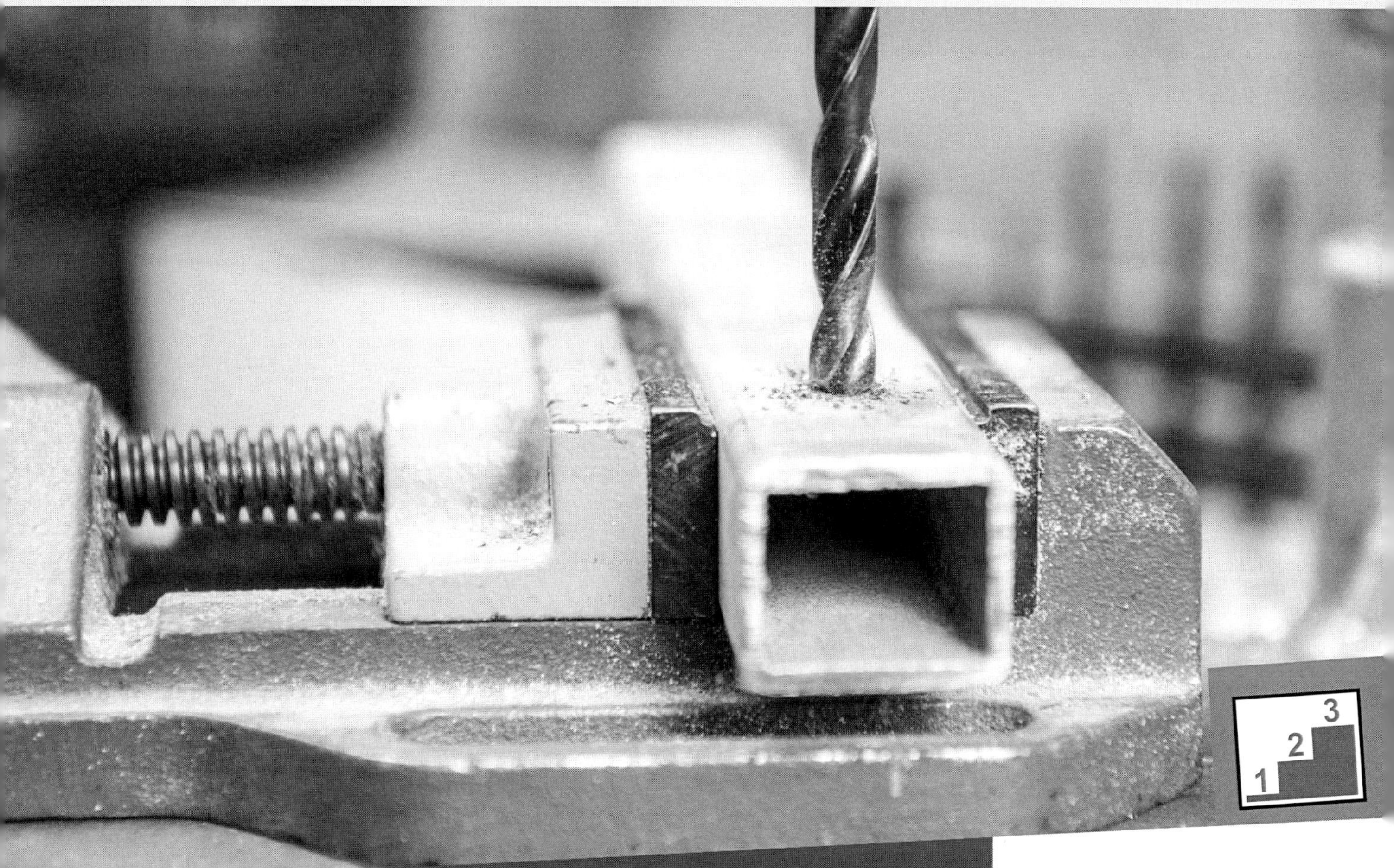

Fix und fertige Unterrichtsideen

www.kohlverlag.de

Metall – Laubsägearbeiten

Fix und fertige Unterrichtsideen

7. Auflage 2024

Inhalt: Marino Heber
Umschlagbild: © benjaminnolte - fotolia.com
Fotos und Bauanleitungen im Innenteil: Marino Heber
Redaktion: Kohl-Verlag
Grafik & Satz: Eva-Maria Noack & Kohl-Verlag
Druck: farbo prepress GmbH, Köln

Bestell-Nr. 11 835

ISBN: 978-3-95686-835-1

Der vorliegende Band ist eine Print-Einzellizenz

Sie wollen unsere Kopiervorlagen auch digital nutzen? Kein Problem – fast das gesamte KOHL-Sortiment ist auch sofort als PDF-Download erhältlich! Wir haben verschiedene Lizenzmodelle zur Auswahl:

	Print-Version	PDF-Einzellizenz	PDF-Schullizenz	Kombipaket Print & PDF-Einzellizenz	Kombipaket Print & PDF-Schullizenz
Unbefristete Nutzung der Materialien	x	x	x	x	x
Vervielfältigung, Weitergabe und Einsatz der Materialien im eigenen Unterricht	x	x	x	x	x
Nutzung der Materialien durch alle Lehrkräfte des Kollegiums an der lizensierten Schule			x		x
Einstellen des Materials im Intranet oder Schulserver der Institution			x		x

Die erweiterten Lizenzmodelle zu diesem Titel sind jederzeit im Online-Shop unter www.kohlverlag.de erhältlich.

Inhalt / Vorwort

Seite

Bedeutung der Niveaustufen:
⊙ = einfaches Niveau
! = mittleres Niveau
✶ = Expertenniveau

Liebe Kolleginnen und Kollegen,

am sinnvollsten erschien es mir, einige praktische Dinge für die Arbeit mit Metall zu entwerfen. So hat der Schüler* nach der Arbeit noch lange was davon. Bei der Materialfrage habe ich mich für Aluminium entschieden, weil es relativ leicht zu bearbeiten und überall erhältlich ist. Wenn die selben Abmessungen genommen werden, kann auch jedes andere Metall wie zum Beispiel Edelstahl verwendet werden. Es wäre für die Schüler auch interessant zu sehen: Wo sind die Unterschiede in der Metallverarbeitung? So ist beispielsweise Edelstahl viel härter als Aluminium.
Als nächste Frage war zu klären, wie verbinde ich die Einzelteile? Metall kann zum Beispiel geschraubt, genietet, geklebt, gelötet oder geschweißt werden. Nietverbindungen kann man nur noch durch Aufbohren lösen, und sie sehen nicht so schön aus. Schweißen und löten ist eine Wissenschaft für sich, das kann nur in einer passenden Berufsausbildung erfolgen. Klebeverbindungen wären noch eine Alternative. Hier muss aber eine sorgfältige Auswahl des Klebers erfolgen, passend zum verwendeten Material. Die Vorlagen könnten auch dazu verwendet werden, nur die Bohrlöcher benötigen wir zum Kleben nicht. Für den Unterricht ist es bestimmt interessant zu zeigen, was besser hält. Dafür kann eine Gruppe Schüler die Objekte kleben und die andere schraubt.
Ich habe mich für Schraubverbindungen entschieden, diese können wieder gelöst werden, und die Schüler haben auch bei der Herstellung fast alle Methoden zur Metallbearbeitung durchgeführt.
In der heutigen Zeit werden in der Produktion von Metallteilen auch CNC-Maschinen eingesetzt. Die Vorlagen in diesem Buch eignen sich auch dafür. Allerdings müssten die Teile mit Hilfe eines CAD-Programmes am Computer für das Fräsen gezeichnet werden.

Viel Spaß und Erfolg beim Herstellen der Metallobjekte wünschen Ihnen das Kohl-Verlagsteam und

Marino Heber

* *Aufgrund der besseren Lesbarkeit wird im Folgenden die männliche Form Schüler bzw. Lehrer verwendet. Gemeint sind damit selbstverständlich sowohl die weiblichen, als auch die männlichen Personen.*

KOHL VERLAG METaLL Bearbeitungsmethoden – Bestell-Nr. 11 835

Sicherheitsbestimungen

Selbst durch einfache Werkzeuge können Unfälle entstehen. Ein Hammer, der nicht ordentlich am Stiel befestigt ist, kann abfliegen. Vom Bart eines Meißels, Körners, Durchschlags oder Dorns kann ein Stück abspringen und jemanden in Hände, Arme oder sogar ins Auge treffen. Schraubenschlüssel, deren Maul zu weit oder ausgearbeitet ist, können abrutschen und zu Handverletzungen führen. Durch lose Feilenhefte und falsches Einheften von Feilen, Schabern usw. werden immer wieder schmerzhafte Unfälle verursacht.

Daher gelten auch im Schulunterricht feste Merksätze für die Metallverarbeitung:

(1.) Werkzeuge immer nur entsprechend ihrem Verwendungszweck benutzen!

Werkzeuge dürfen nur für Arbeiten eingesetzt werden, für die das Werkzeug auch gemacht ist. Ein Schreibendreher ist kein Stemmeisen!

(2.) Werkzeuge sicher instand halten

Viele Werkzeuge wie **Hammer** oder **Feile** sind durch Keile am Stiel sicher zu befestigen. Die Bärte am Meißel und ähnlichen Werkzeugen müssen rechtzeitig abgeschliffen werden. Außerdem sind zur Vermeidung von Verletzungen der Hand durch Fehlschläge **Meißel mit Handschutz** zu verwenden. Beschädigtes Handwerkszeug darf nicht weiter verwendet werden. **Schraubendreher** müssen stets in der richtigen Größe ausgewählt werden und sind niemals als Stemm- oder Brechwerkzeug zu benutzen! Bei **Feilen** und **Schabern** ist besonders auf eine sichere Griffbefestigung zu achten. Die Werkzeuge sollten beim Einheften am Werkzeugkörper gefasst werden. **Schraubenschlüssel** müssen passend ausgewählt sein. Sie dürfen nicht durch andere Werkzeuge oder aufgesteckte Rohre verlängert werden.

(3.) Werkstücke beim Bohren fest einspannen

Werkstücke dürfen an der Bohrmaschine niemals mit der Hand festgehalten werden. Sie müssen vielmehr eingespannt und gegen Anschlag gelegt sein.

(4.) Beim Schleifen Sicherheitsvorkehrungen treffen

Auf einer neuen Schleifscheibe ist die zulässige **Umdrehungszahl** angegeben.
Es ist darauf zu achten, dass die Schleifscheibe nicht mit höheren Drehzahlen betrieben wird. An der Schleifmaschine sollten Schutzhauben angebracht sein, die ebenso wie die Werkstückauflage regelmäßig nachgestellt werden müssen.
Der Spalt zwischen Schleifscheibe und Werkstückauflage darf höchstens 3 mm betragen. Auch Handschleifmaschinen müssen mit Schutzhauben ausgerüstet sein.
Für Schleifarbeiten ist **Augenschutz** vorgeschrieben.

(5.) Persönlichen Schutz beachten!

Bei allen Arbeiten mit Metall muss gewissenhaft und sorgfältig gearbeitet werden. Sicherheitskleidung (Handschuhe, Augenschutz) sind unerlässlich. Schals oder zu lockere Kleidung können sich in Maschinen verfangen und sind daher in der Werkstatt abzulegen. Sicherheitsschuhe sind ratsam. Darüber hinaus muss darauf geachtet werden, dass man mit seinem Verhalten nicht andere in Gefahr bringt.

Material- und Werkzeugkunde

Für die einzelnen Objekte in diesem Buch verwenden wir **Aluminiumblech** mit 1,5 mm Stärke, sowie **Aluwinkel** 20 x 20 x 2 mm und 30 x 30 x 2 mm.
Die Einzelteile werden mit Schrauben und Muttern miteinander verbunden.
Die genauen Größen sind bei den einzelnen Projekten aufgeführt.

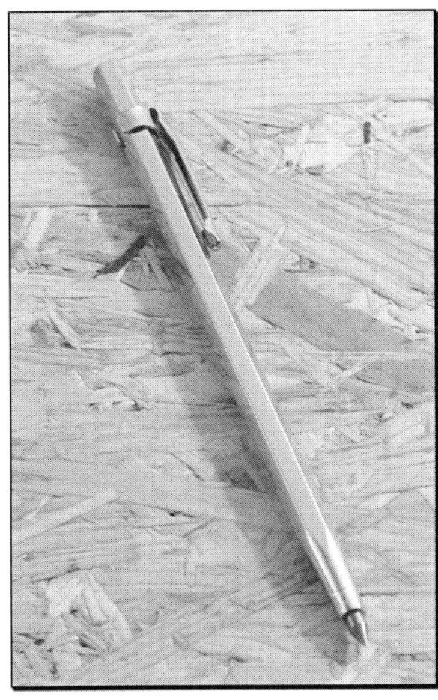

Anreißnadel

Senker

Als **Werkzeug** benötigen wir Metallsägen, Flachfeilen, Bohrer (4 mm), Bohrmaschine, Schleifpapier für Metall (Körnung 150), Anreißnadel, Hammer, Inbusschlüssel, Gabel- oder Ringschlüssel, Schraubstock, Klebeband, Millimeterpapier, Lineal, Geodreieck mit 45°-Winkel und Stifte.

Die Größen der einzelnen Werkzeuge sind wieder bei den Projekten aufgeführt. Beim Einspannen in den Schraubstock müssen für den Schutz des Werkstückes Kunststoffkappen vorhanden sein, oder es wird Restholz dazwischen gelegt. Sonst hat man Abdrücke vom Schraubstock an den Teilen.

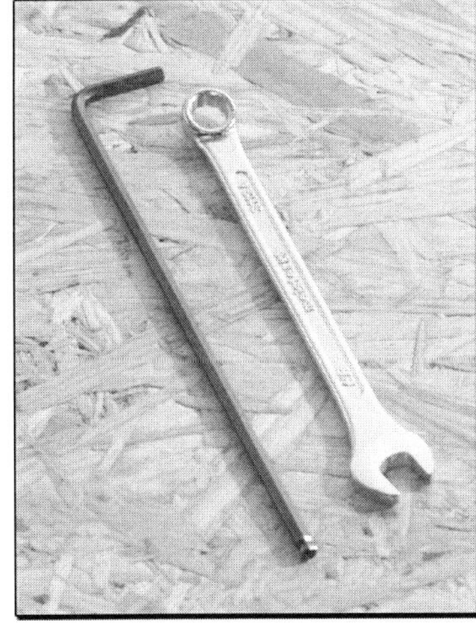

Inbusschlüssel (li.) und
Ringschlüssel (re.)

Feile

Anreißnadeln gibt es auch in verschiedenen Ausführungen. Die hier eingesetzte Nadel hat den Vorteil, dass wir gleich die Ansatzpunkte für die Bohrungen einschlagen können.

Das Alublech sollte vor Unterrichtsbeginn schon in passenden Streifen vorliegen, sodass die Schüler nur noch die einzelnen Zuschnitte machen müssen. Teilweise hat der Lieferant die Möglichkeit zu schneiden, andernfalls eignet sich auch eine Tischkreissäge mit dem richtigen Sägeblatt. Eine Stichsäge könnte auch verwendet werden, allerdings müsste dann zwischen Säge und Blech etwas Pappe oder Holz dazwischen gelegt werden, damit die Metalloberfläche nicht zerkratzt.

Material- und Werkzeugkunde

Metallsägen gibt es in verschiedenen Varianten.

Die normale Bügelsäge eignet sich für das Ablängen der Aluwinkel. Für die Zuschnitte des Alubleches ist sie durch den Bügel weniger geeignet.

Diese Säge hat den Vorteil, dass man lange Schnitte im Blech machen kann, ohne dass der Bügel stört. Desweiteren werden in dieser Säge handelsübliche Metallsägeblätter verwendet.

Die hier gezeigte Japansäge ist speziell für Weichmetall, also bestens für unser Aluminium geeignet. Mit ihr kann man sehr sauber und genau sägen. Sie ist ebenfalls sehr gut für den Blechzuschnitt geeignet.

KOHL VERLAG METaLL Bearbeitungsmethoden – Bestell-Nr. 11 835

Material- und Werkzeugkunde

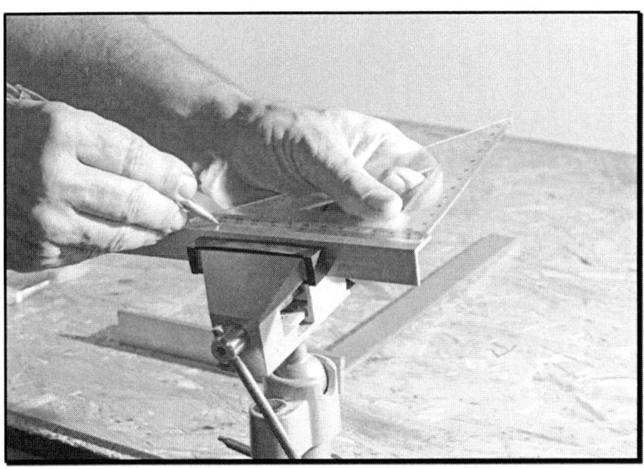

Um die Winkel auf die richtige Länge zu bringen, gehen wir folgendermaßen vor. Zuerst die entsprechende Länge abmessen.

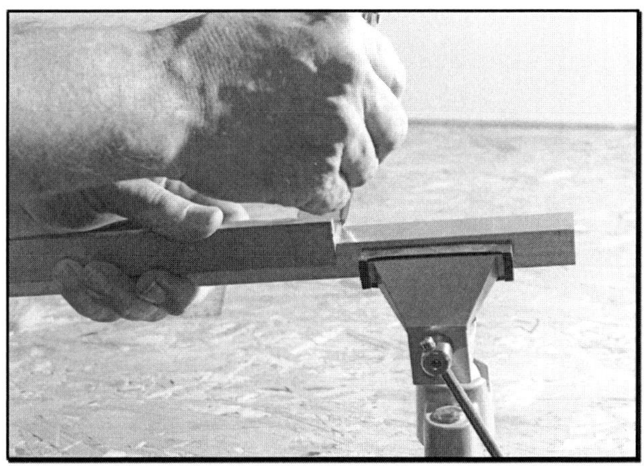

Dann mit einem Anschlagwinkel eine rechtwinklige Linie ziehen.

Die angezeichnete Linie.

Die Linie auf der senkrechten Seite fortsetzen.

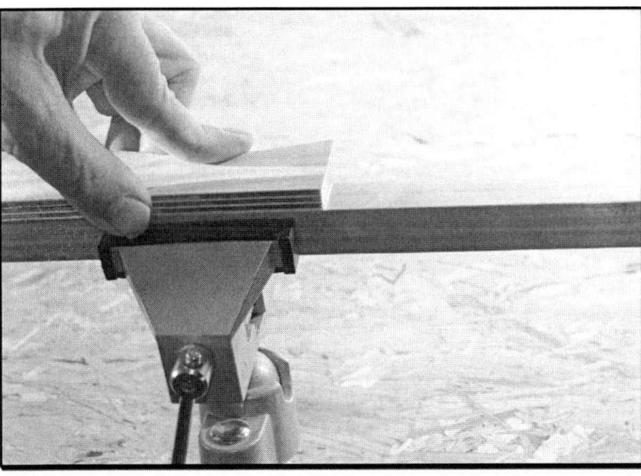

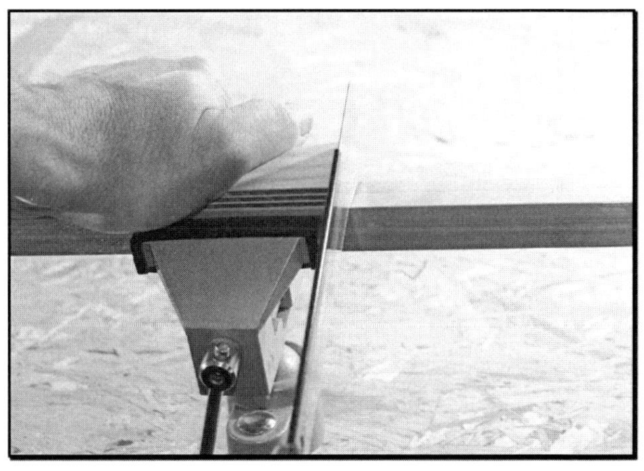

Um einen geraden Ansatzschnitt durchzuführen, ist es empfehlenswert, ein Stück Restholz mit einer geraden Seite genau an der angezeichneten Linie anzulegen. So hat die Säge eine gerade Führung. Das Werkstück wie auf dem Bild einspannen, sodass der Schnitt nahe am Schraubstock erfolgt. Dadurch vermeiden wir unnötige Schwingungen.

METaLL Bearbeitungsmethoden – Bestell-Nr. 11 835
KOHL VERLAG

Material- und Werkzeugkunde

Wenn die Säge schon einige Millimeter im Material ist, kann das Holz auch entfernt werden.

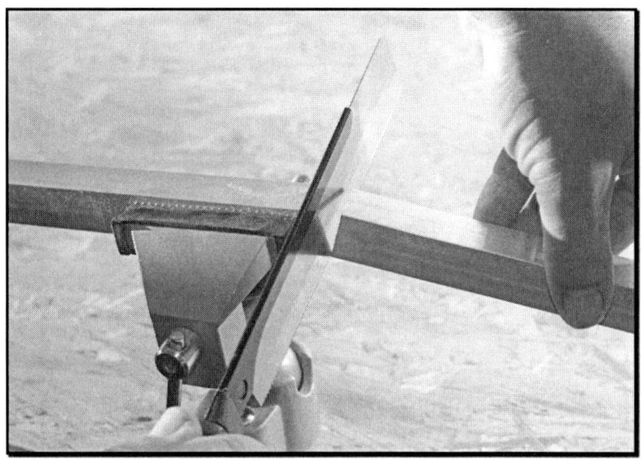

Kurz vor dem endgültigen Durchsägen, das abgesägte Teilstück mit einer Hand festhalten.

Nach dem Sägen haben wir eine raue Kante. Jetzt sehr vorsichtig sein, Schneidgefahr durch den Sägegrat!

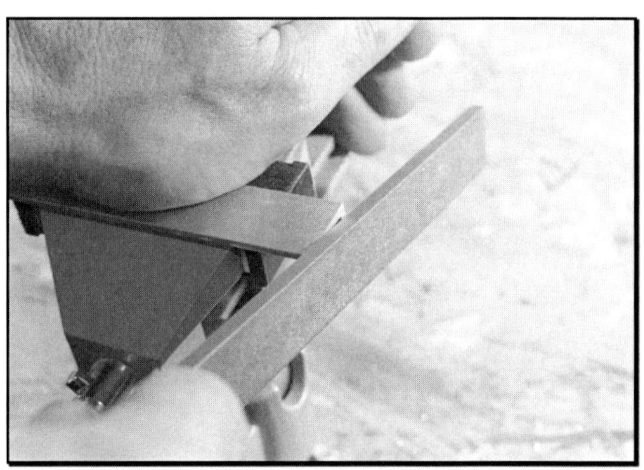

Diese Kante wird mit einer feinen Flachfeile geglättet.

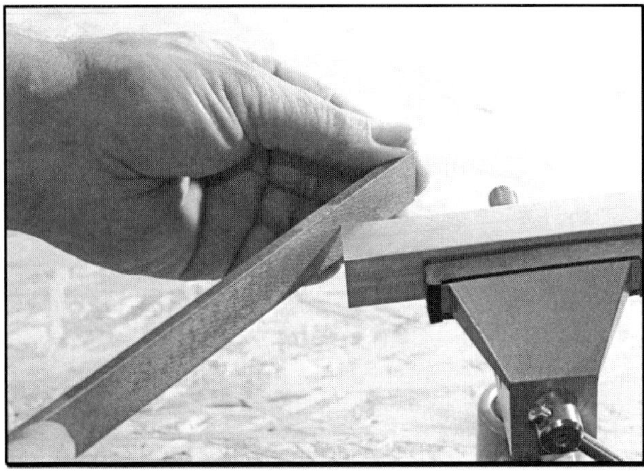

Da die Metallecken sehr scharfkantig sind und man sich daran eventuell verletzen könnte, werden diese abgerundet.

Material- und Werkzeugkunde

Mit dem Metallschleifpapier 150-er Körnung werden alle noch verbliebenen Unebenheiten und Grate entfernt.

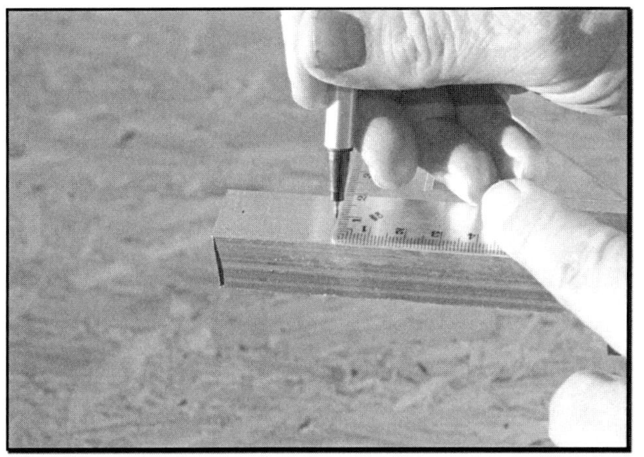

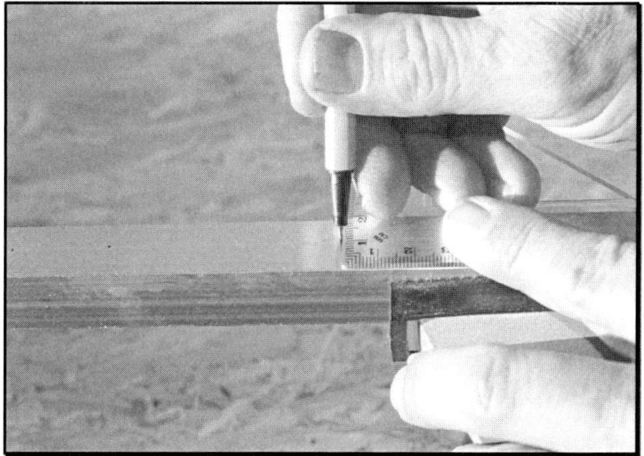

Zum Anzeichnen der Markierungen für die Bohrungen an den Winkeln werden zuerst zwei Punkte gezeichnet, die den seitlichen Abstand von der Längsseite zeigen.

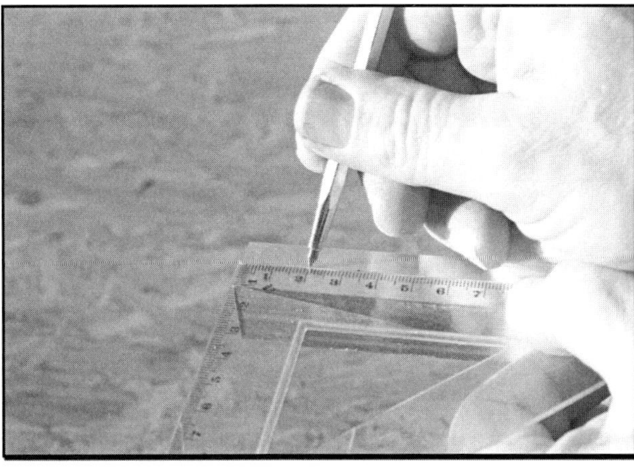

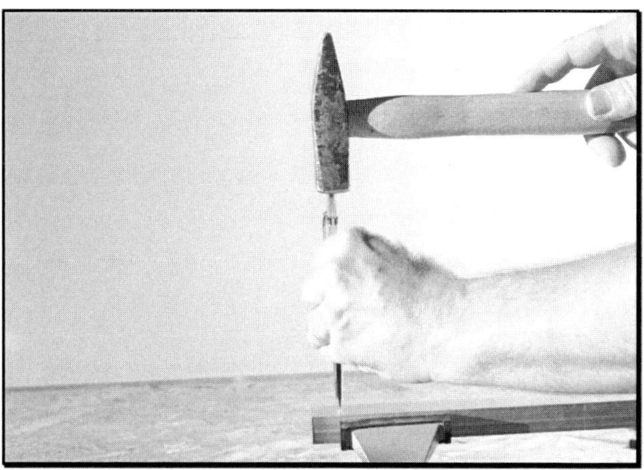

Jetzt mit der Anreißnadel den Abstand von der Außenkante messen und gleich mit dem Hammer einen Ansatzpunkt einschlagen. Darauf achten, das sich unter dem Werkstück der Schraubstock befindet!

Material- und Werkzeugkunde

An diesem Ansatzpunkt lässt sich der Bohrer gut ansetzen, er rutscht dann nicht so leicht weg. Beim Bohren beachten, dass sich das Bohrloch neben dem Schraubstock befindet!

Beim Bohren entsteht am Bohrloch ein Grat. Um diesen zu entfernen, wird mit dem Senker leicht noch mal das Bohrloch angebohrt. Das sollte auf beiden Seiten so durchgeführt werden.

Zum Zuschneiden der Alubleche messen wir links und rechts von unserem Streifen das entsprechende Maß ab.

Material- und Werkzeugkunde

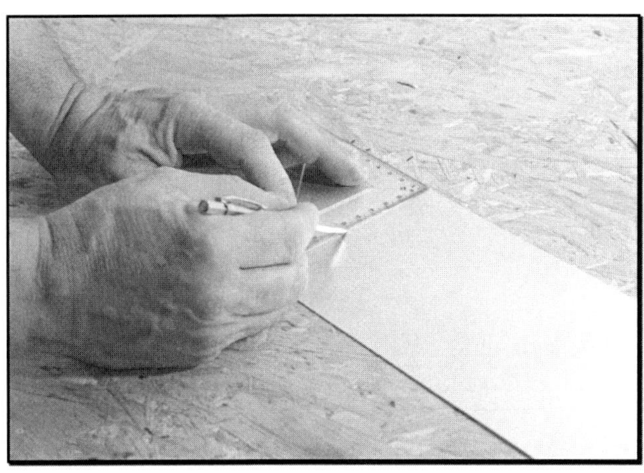

An diesen beiden Punkten wird das Lineal angelegt und mit der Anreißnadel eine Linie gezogen.

Zwischen Tisch und Alublech ein Stück Restholz legen.

Auch hier nehmen wir für den Ansatzschnitt ein Stück Holz und legen es an der Linie an.

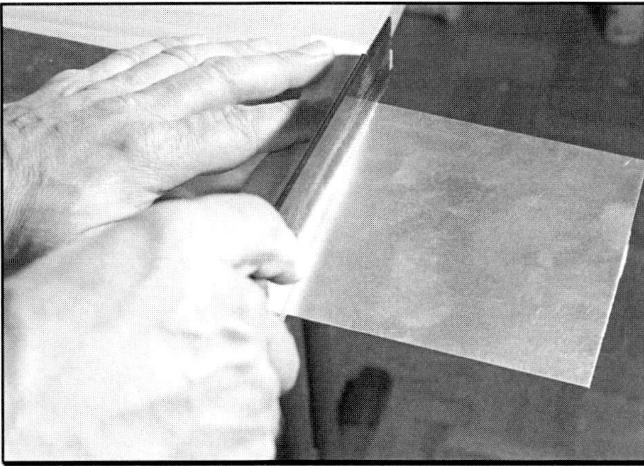

Nun können wir den Ansatzschnitt durchführen. Dabei darauf achten, dass der Schnitt neben der Tischkante erfolgt!

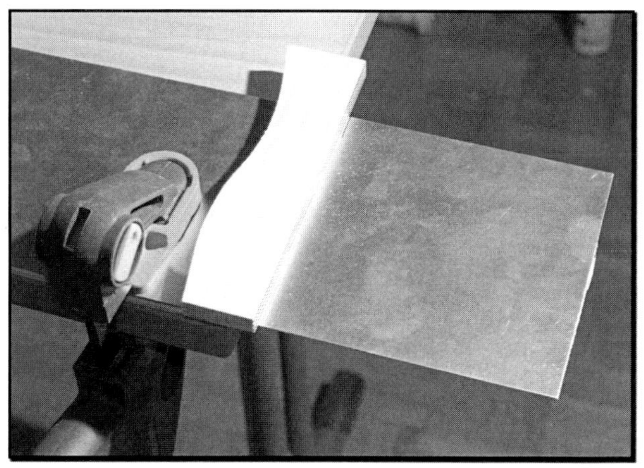

Zum besseren Handling kann das Werkstück auch mit einer Spannzwinge am Tisch befestigt werden.

Material- und Werkzeugkunde

Auch beim Blech entsteht ein Grat, der mit der Flachfeile entfernt werden muss.

So sollte man nicht feilen, hier verbiegt sich das Blech zu stark!

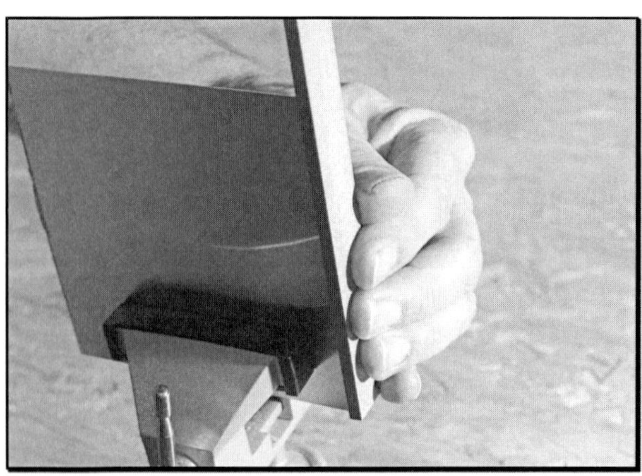

Dies ist die richtige Feilenführung.

Die Außenecken müssen auch hier abgerundet werden.

Die Größe der Rundung ist bei den Bauplänen zu sehen.

Letztendlich noch mal mit dem Schleifpapier alles glätten.

Material- und Werkzeugkunde

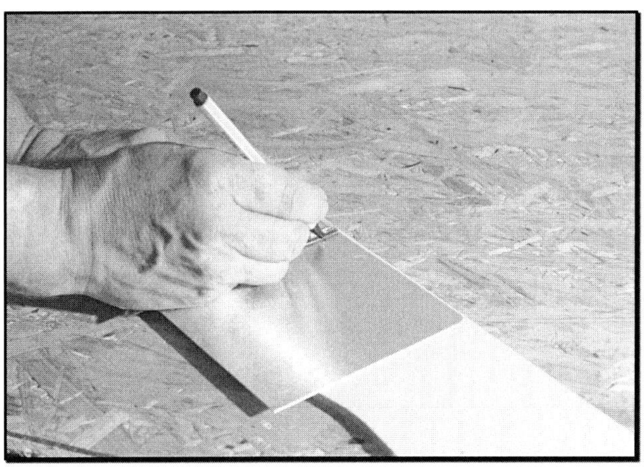

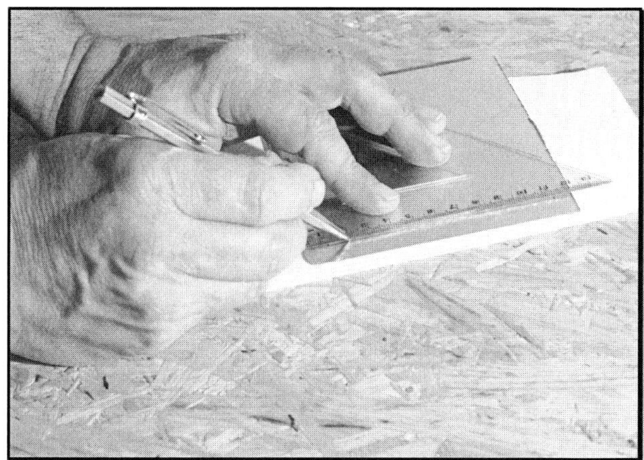

Zum Anzeichnen der Bohrlochmarkierungen erst den seitlichen Abstand messen und mit dem Stift anzeichnen, dann die anderen Abstände messen und mit der Anreißnadel ansetzen.

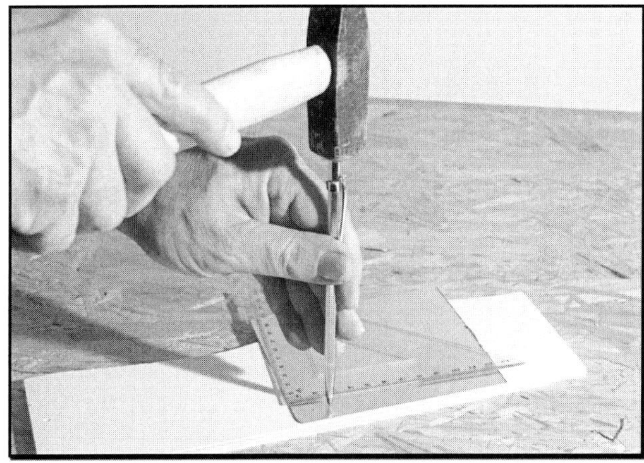

Mit dem Hammer und der Anreißnadel einen Ansatzpunkt einschlagen.

Beim Bohren ist es wichtig, ein Stück Restholz unter zulegen, damit der Untergrund nicht beschädigt wird!

Den Grat der Bohrlöcher mit dem Senker entfernen.

Materialliste:

- 1 Alublech 150 x 200 mm
- 1 Aluwinkel 30 x 30 x 2 mm, 200 mm lang
- 2 Inbusschrauben M4 x 8
- 2 Muttern M4

Zeitaufwand: ca. 60 min

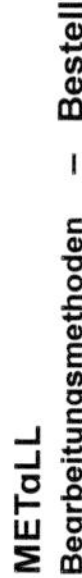

10,00 mm
10,00 mm
30,00 mm
Wandseite
30,00 mm
30,00 mm
30,00 mm
30,00 mm
30,00 mm
30,00 mm
15,00 mm
15,00 mm

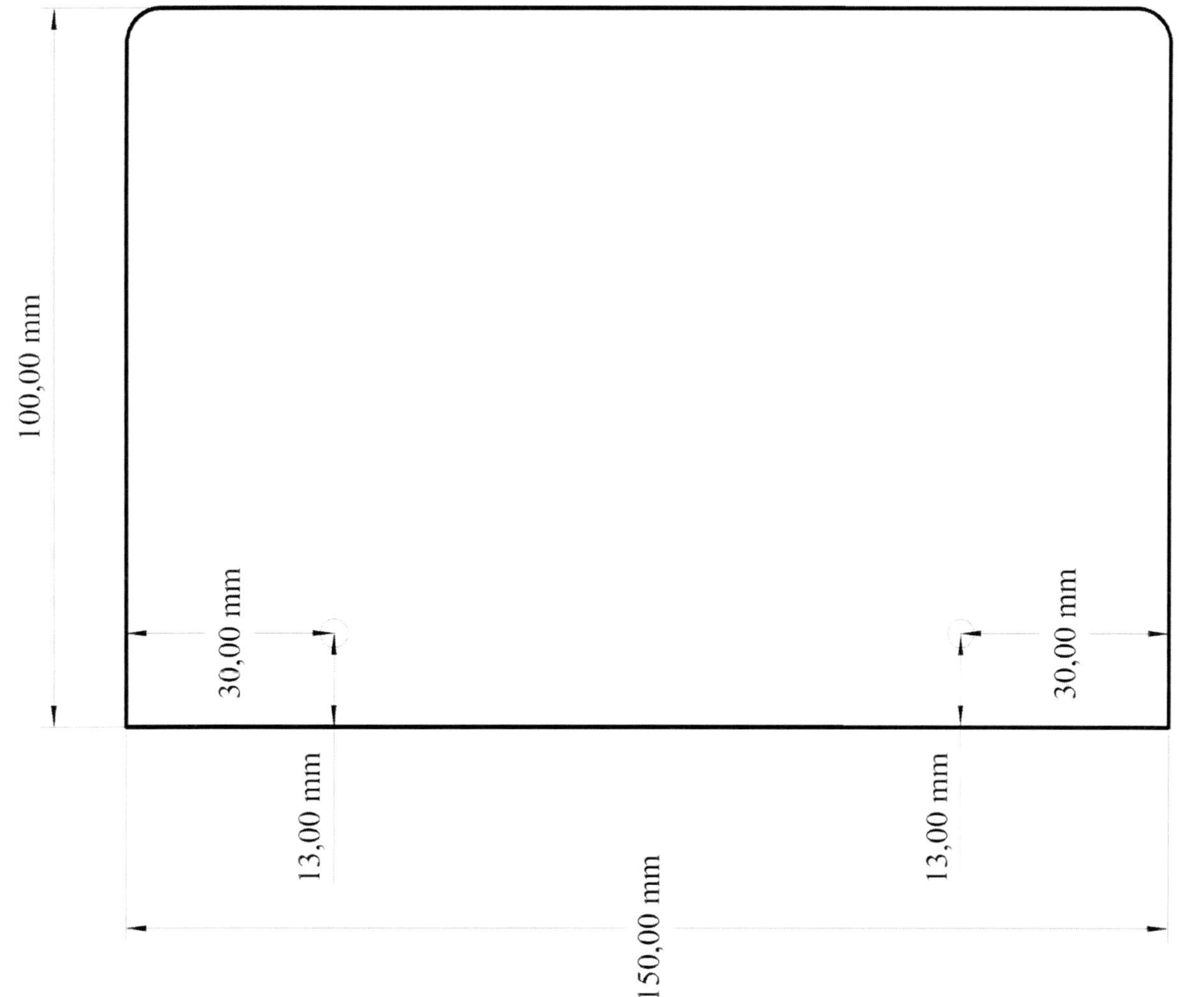

KOHL VERLAG METaLL Bearbeitungsmethoden – Bestell-Nr. 11 835

➲ Die Einzelteile werden zugeschnitten, gefeilt, geschliffen und gebohrt – wie unter *Material und Werkzeugkunde* dargestellt.

➲ Die Grundplatte wird auf die Innenseite des Winkels aufgelegt und mit den Schrauben und Muttern fest miteinander verschraubt. Dabei die Schrauben so montieren, dass die Schraubenköpfe nach oben zeigen.
Die Löcher auf der anderen Seite des Winkels sind für die Befestigung des Ladebords an der Wand mit Hilfe von Dübeln oder Holzschrauben, je nach Untergrund, gedacht.

➲ Damit das Smartphone nicht wegrutscht oder beschädigt wird, können kleine Silikonpuffer aufgeklebt oder eine Antirutschmatte dazwischen gelegt werden.

KOHL VERLAG METaLL Bearbeitungsmethoden – Bestell-Nr. 11 835

Materialliste:

- 1 Alublech 150 x 100 x 1,5 mm
- 1 Alublech 100 x 100 x 1,5 mm
- 2 Aluwinkel 20 x 20 x 2 mm, 100 mm lang
- 6 Inbusschrauben M4 x 8
- 6 Muttern M4

Zeitaufwand: ca. 90 min

KOHL VERLAG METaLL Bearbeitungsmethoden – Bestell-Nr. 11 835

2 Smartphonehalter — Bauplan

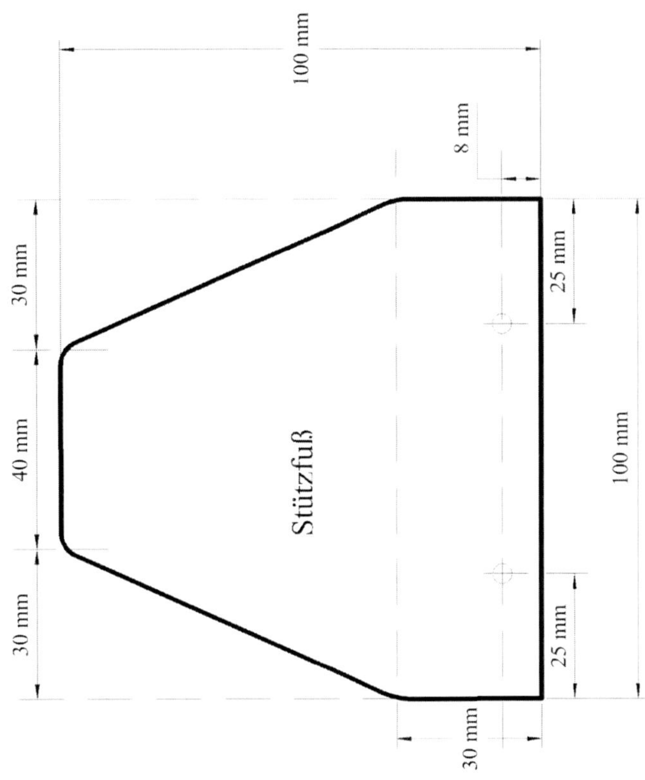

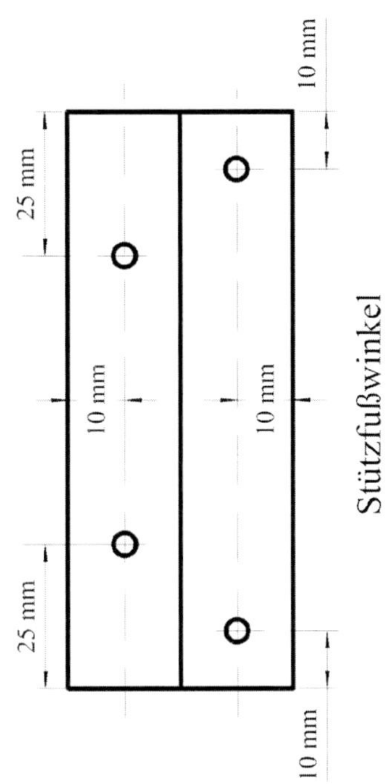

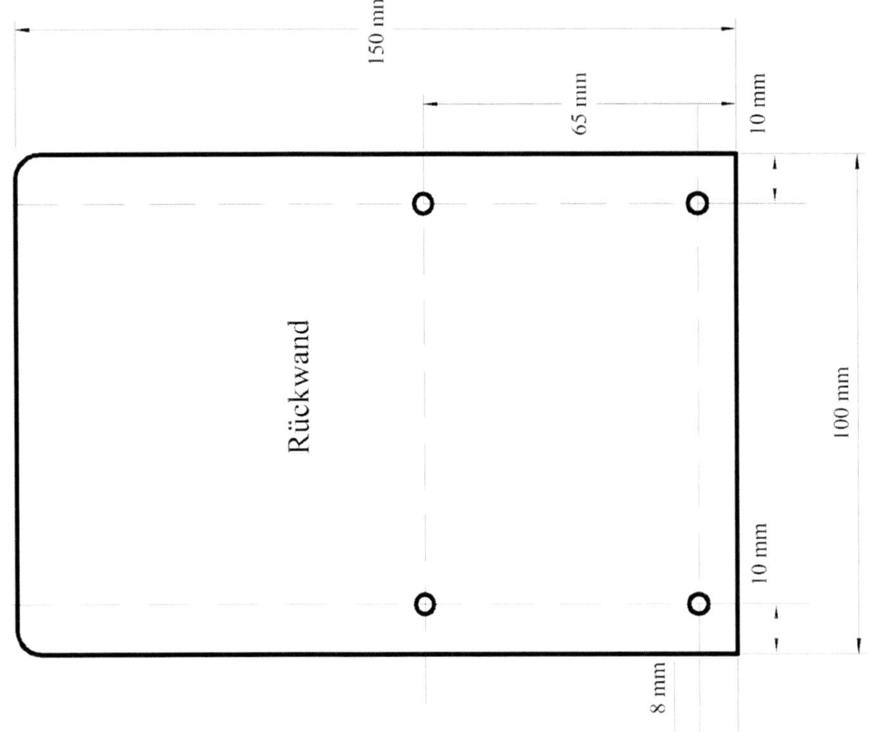

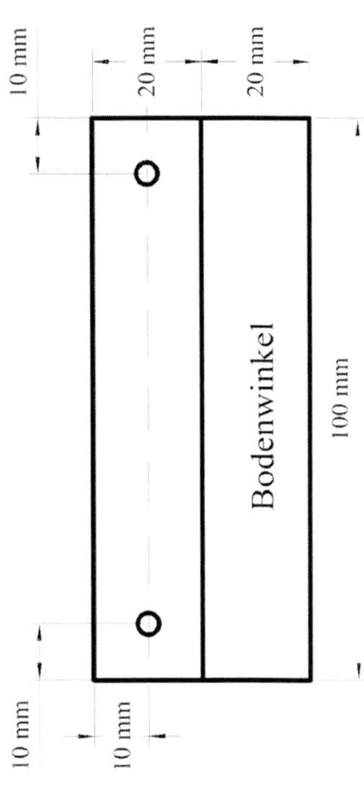

➲ Die Einzelteile des Werkstückes werden nach Zeichnung gesägt, gefeilt, geschliffen und gebohrt.

➲ Die Montage beginnt mit dem Anschrauben der Winkel. Dazu benötigen wir 4 Schrauben M4 x 8 und 4 Muttern M4. Zuerst werden die Rückplatte und der Stützfuß auf die Innenseite des jeweiligen Winkels gelegt und mit den Schrauben befestigt. Dabei werden die Schrauben von der Plattenseite her eingesteckt.

KOHL VERLAG METaLL Bearbeitungsmethoden – Bestell-Nr. 11 835

➲ Wenn beide Winkel an den Platten angeschraubt sind, kann der Stützfuß an die Rückplatte angeschraubt werden.

➲ Fertig ist der Smartphonehalter! Um eventuellen Kratzern vorzubeugen, können auf der Rückwand noch kleine Silikonpuffer aufgeklebt werden.

KOHL VERLAG METaLL Bearbeitungsmethoden – Bestell-Nr. 11 835

Materialliste:

- 2 Alubleche 200 x 150 x 1,5 mm
- 1 Alublech 200 x 55 x 1,5 mm
- 2 Aluwinkel 20 x 20 x 2 mm, 200 mm lang
- 8 Schrauben M4 x 8
- 8 Muttern M4
- 2 Teelichtgläser
- 2 Teelichter

Zeitaufwand: ca. 120 min

KOHL VERLAG METaLL Bearbeitungsmethoden – Bestell-Nr. 11 835

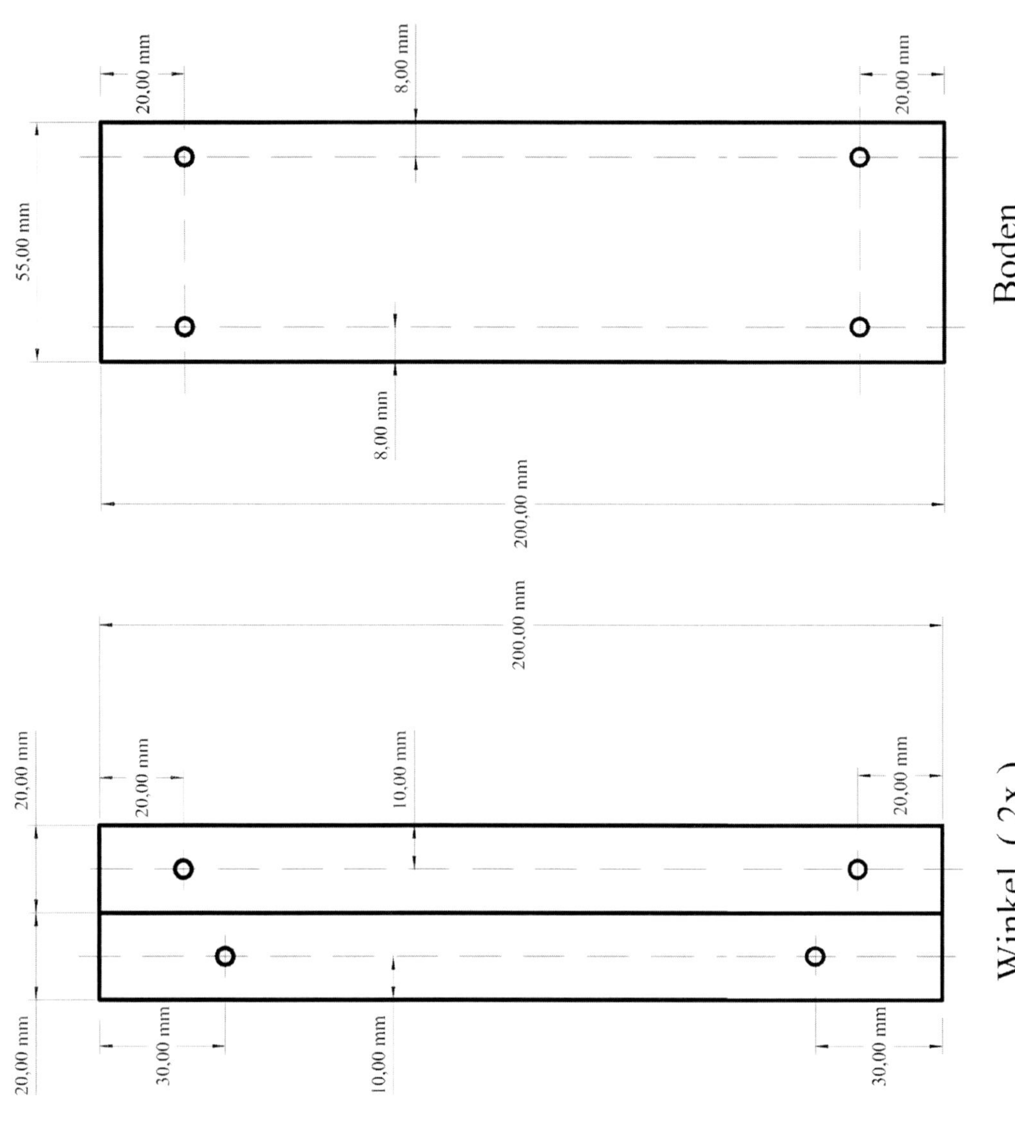
Boden
20,00 mm
8,00 mm
20,00 mm
55,00 mm
8,00 mm
200,00 mm
Winkel (2x)
200,00 mm
20,00 mm
20,00 mm
10,00 mm
20,00 mm
20,00 mm
30,00 mm
10,00 mm
30,00 mm

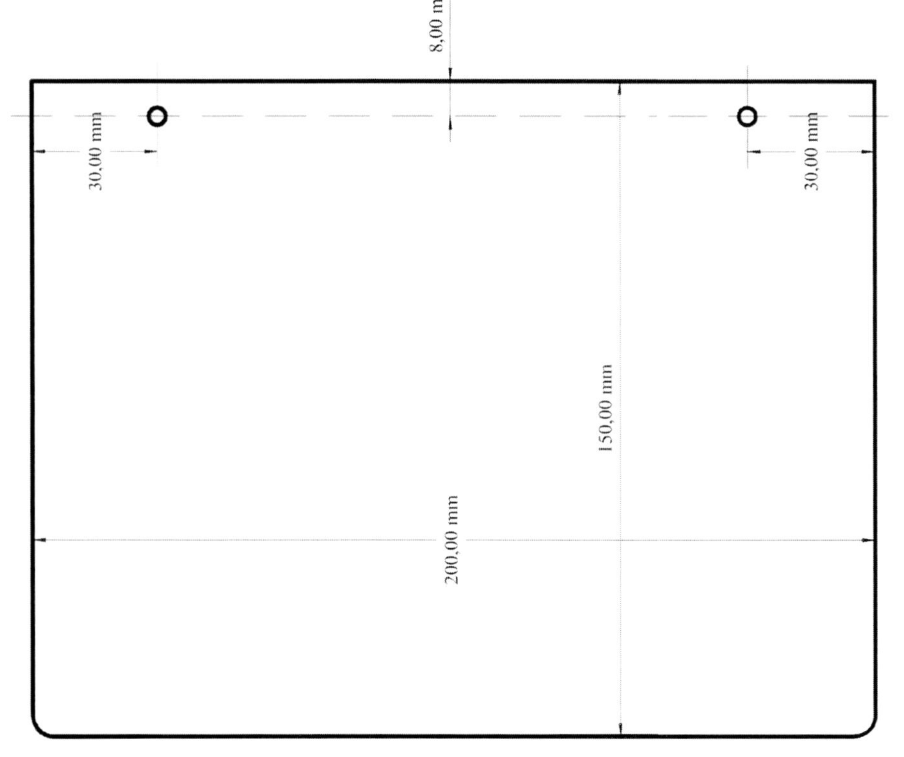
Vorder-/ Rückseite
8,00 mm
30,00 mm
30,00 mm
150,00 mm
200,00 mm

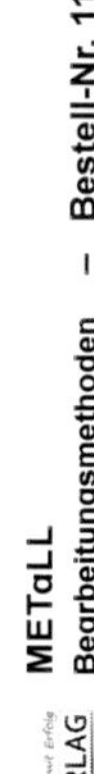
KOHL VERLAG
METaLL
Bearbeitungsmethoden – Bestell-Nr. 11 835

➲ Die Einzelteile sägen, feilen, schleifen und bohren. Die Vorderseite erhält eine Vielzahl von Bohrungen (hier im Beispiel mit einem 10 mm Bohrer). Die Anordnung kann wahllos wie hier sein, es könnten aber auch verschiedene Muster aufgezeichnet und nachgebohrt werden.
Auch mit verschiedenen Bohrergrößen kann eine individuelle Gestaltung ausgeführt werden.

➲ Bei der Montage beginnen wir wieder mit der Bodenplatte und den Winkeln. Die Platte wird von innen auf die Winkel aufgelegt, diesmal wird die Schraube von unten durchgesteckt und die Mutter kommt auf die Innenseite. Diese Schrauben können endfest angezogen werden.

KOHL VERLAG METaLL Bearbeitungsmethoden – Bestell-Nr. 11 835

3	Motivteelichthalter	Anleitung	!

➲ Für den nächsten Montageschritt brauchen wir die Vorder- und Rückwand, sowie 4 Schrauben und 4 Muttern.

➲ In welcher Reihenfolge die Platten montiert werden spielt hier keine Rolle. Sie müssen nur auf der Innenseite des Winkels angebracht und die Schrauben von der Außenseite eingesteckt werden. Die Muttern gehören wieder auf die Innenseite.

➲ Die Teelichtgläser werden einfach auf die Bodenplatte gestellt. Durch die Schrauben können sie auch nicht herausrutschen.

Materialliste:

- 4 Alubleche 140 x 80 x 1,5 mm
- 1 Alublech 80 x 80 x 1,5 mm
- 8 Aluwinkel 30 x 30 x 2 mm, 30 mm lang
- 16 Schrauben M4 x 8
- 16 Hutmuttern M4 und passende Unterlagscheiben

Zeitaufwand: ca. 180 min

KOHL VERLAG METaLL Bearbeitungsmethoden – Bestell-Nr. 11 835

4	**Stiftebecher**	**Bauplan**	**!**

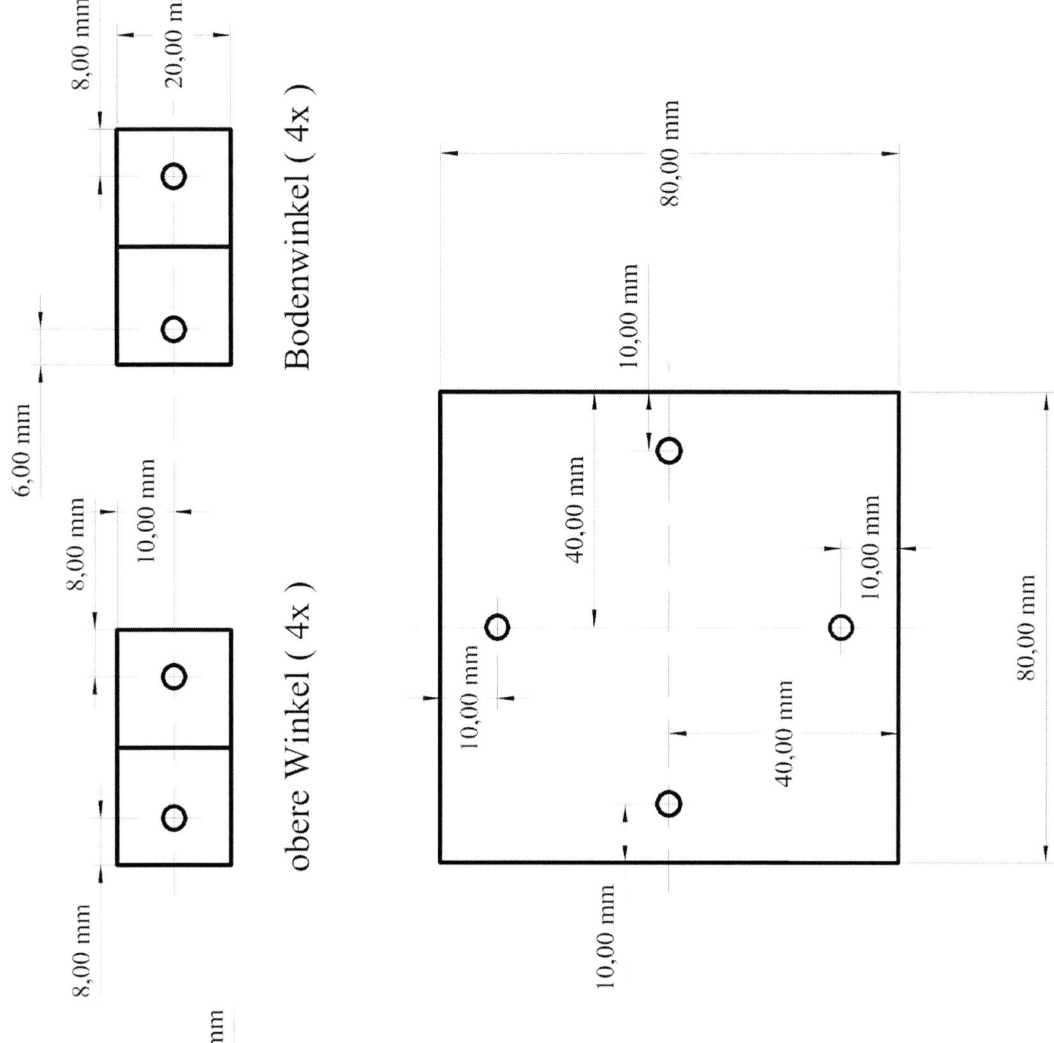

10,00 mm
20,00 mm
40,00 mm
10,00 mm
80,00 mm
10,00 mm
140,00 mm
Seitenteile (4x)

➲ Die Einzelteile des Stiftebechers nach dem Zuschnitt.

➲ Wir beginnen mit der Bodenplatte und schrauben zuerst die Bodenwinkel an. Die Winkelseite mit dem 6 mm Lochabstand wird nach oben montiert, hier sollen dann die Seitenteile befestigt werden. Die Hutmuttern und die U-Scheiben kommen auf die Unterseite. Nur handfest anschrauben!

KOHL VERLAG METaLL Bearbeitungsmethoden – Bestell-Nr. 11 835

➲ Der Boden nach der Montage der Winkel.

➲ Als zweiter Schritt steht die Montage der Seitenteile an.

➲ Die Seite mit dem mittigen Bohrloch wird auf die Innenseite des Bodenwinkels montiert, die Hutmuttern kommen auf die Außenseite.
Die Muttern auch wieder nur handfest anziehen.

➲ Zum Schluss müssen die oberen Eckwinkel angeschraubt werden. Sie fixieren die Seitenteile.

➲ Jetzt können alle Schrauben endgültig festgeschraubt werden und fertig ist unser Stiftebecher.

Materialliste:

- 1 Alublech 180 x 180 x 1,5 mm
- 4 Aluwinkel 20 x 20 x 2 mm, 180 mm lang
- 4 Aluwinkel 20 x 20 x 2 mm, 70 mm lang
- 4 Aluprofil flach 25 x 2 mm, 176 mm lang
- 24 Schrauben M4 x 8
- 8 Hutmutter M4
- 8 U-Scheibe 4mm Bohrung
- 16 Mutter M4

Zeitaufwand: ca. 180 min

KOHL VERLAG METaLL Bearbeitungsmethoden – Bestell-Nr. 11 835

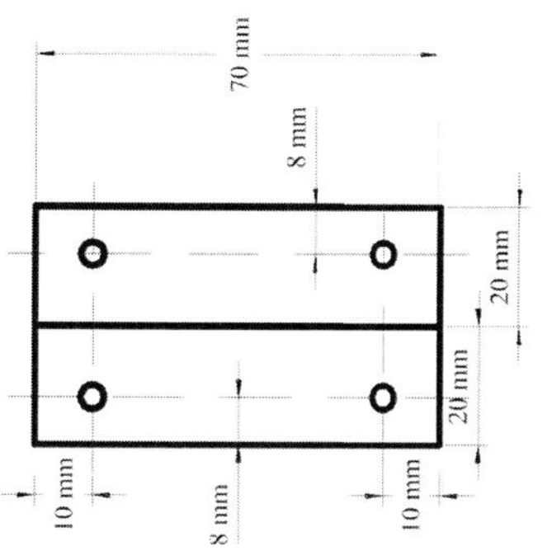
70 mm
8 mm
20 mm
20 mm
10 mm
8 mm
10 mm
Eckwinkel (4 x)

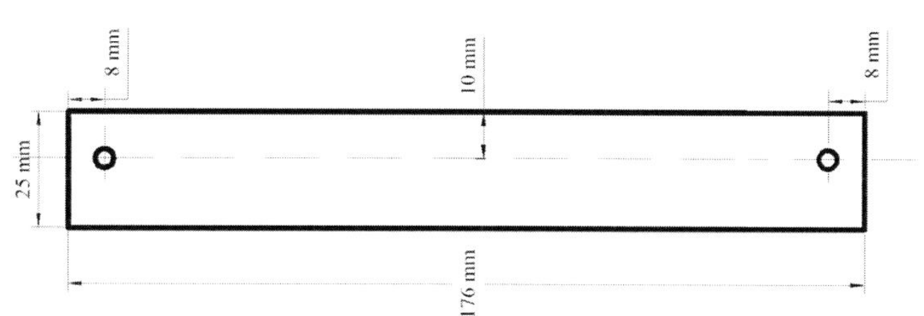
8 mm
10 mm
8 mm
25 mm
176 mm
Strebe (4 x)

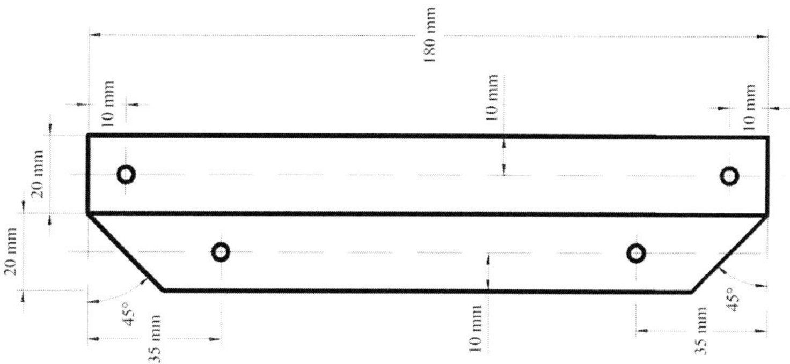
180 mm
10 mm
10 mm
10 mm
20 mm
20 mm
45°
35 mm
10 mm
35 mm
45°
Bodenwinkel (4 x)

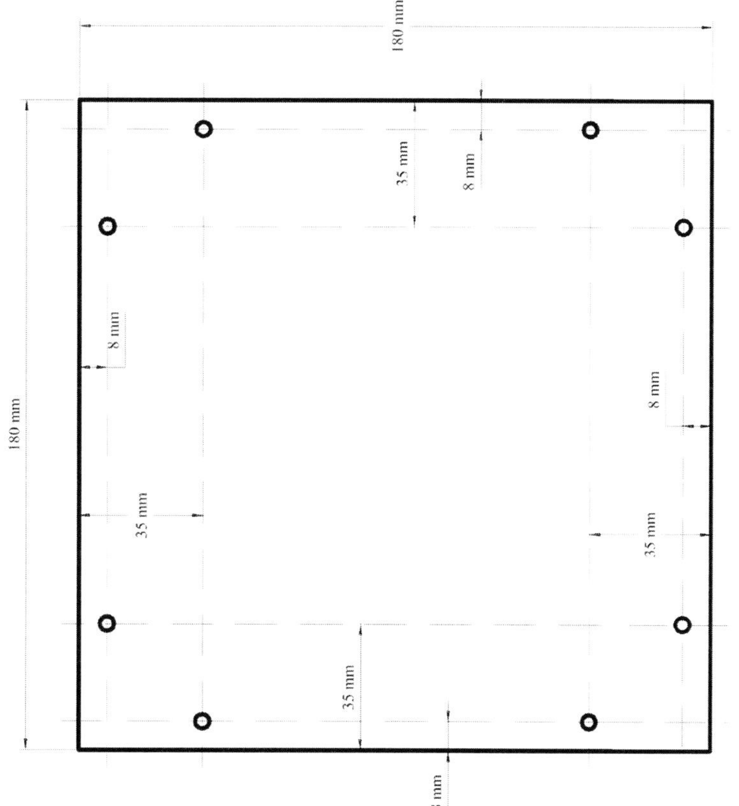
180 mm
35 mm
8 mm
180 mm
8 mm
35 mm
8 mm
35 mm
35 mm
8 mm
Bodenplatte

➲ Alle Einzelteile werden gesägt, gefeilt, geschliffen und gebohrt. Dabei sollte erst die Bodenplatte hergerichtet werden und dann die Bodenwinkel. Zur Kontrolle der 45°-Winkel an den Bodenwinkeln immer wieder probeweise zusammenlegen und kontrollieren.

➲ Wenn die Einzelteile alle passen, kann die Montage erfolgen. Zuerst werden die Bodenwinkel an der Bodenplatte befestigt. Dazu brauchen wir 8 Schrauben, 8 U-Scheiben und 8 Muttern. Die Bodenplatte wird auf die Innenseite des Winkels aufgelegt, die Schraube von oben durchgesteckt. Auf der Unterseite wird zuerst die U-Scheibe aufgesteckt und dann die Hutmutter aufgeschraubt. Diese dient gleichzeitig als Fuß. Die Schrauben nur handfest anziehen, damit für die anderen Teile etwas Luft bleibt!

KOHL VERLAG METaLL Bearbeitungsmethoden – Bestell-Nr. 11 835

➲ Als nächstes sind die Außenwinkel an der Reihe. Auch hier brauchen wir 8 Schrauben, 8 U-Scheiben und 8 Muttern. Die Eckwinkel von außen anhalten, die Schrauben von außen einstecken und die Mutter von innen aufschrauben und handfest anziehen.

➲ Zum Schluss werden die oberen Streben montiert. Hier brauchen wir die letzten 8 Schrauben und 8 Muttern. Die Streben werden an der Innenseite der Winkel angelegt und die Schrauben von außen eingesteckt.
Die Muttern werden von der Innenseite aufgeschraubt.

KOHL VERLAG METaLL Bearbeitungsmethoden – Bestell-Nr. 11 835

➲ Zum Schluss alle Schrauben mit Inbusschlüssel und Ringschlüssel endfest anziehen.

➲ Guten Appetit!

KOHL VERLAG METaLL Bearbeitungsmethoden – Bestell-Nr. 11 835

Materialliste:

- 1 Alublech 240 x 150 x 1,5 mm
- 2 Alubleche 120 x 150 x 1,5 mm
- 1 Alublech 140 x 140 x 1,5 mm
- 2 Aluwinkel 20 x 20 x 2 mm, 150 mm lang
- 4 Aluwinkel 20 x 20 x 2 mm, 20 mm lang
- 16 Schrauben M4 x 8
- 16 Muttern M4

Zeitaufwand: ca. 240 min

KOHL VERLAG METaLL Bearbeitungsmethoden – Bestell-Nr. 11 835

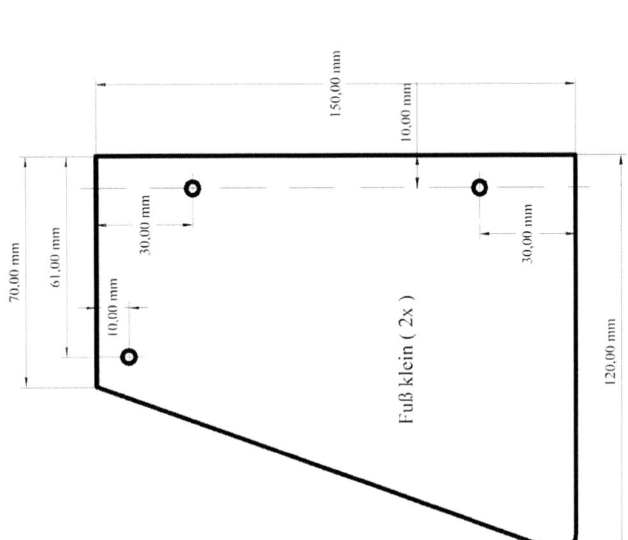

Fuß klein (2x)
150,00 mm
10,00 mm
70,00 mm
61,00 mm
30,00 mm
30,00 mm
10,00 mm
120,00 mm

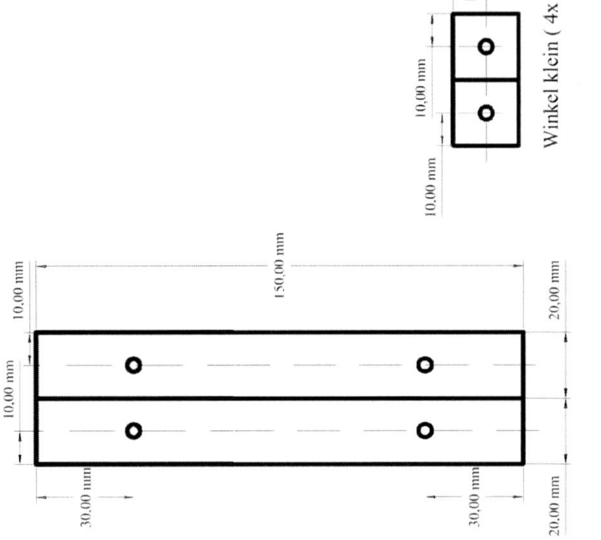

Winkel klein (4x)
10,00 mm
10,00 mm
10,00 mm
Winkel groß (2x)
150,00 mm
10,00 mm
10,00 mm
20,00 mm
20,00 mm
30,00 mm
30,00 mm

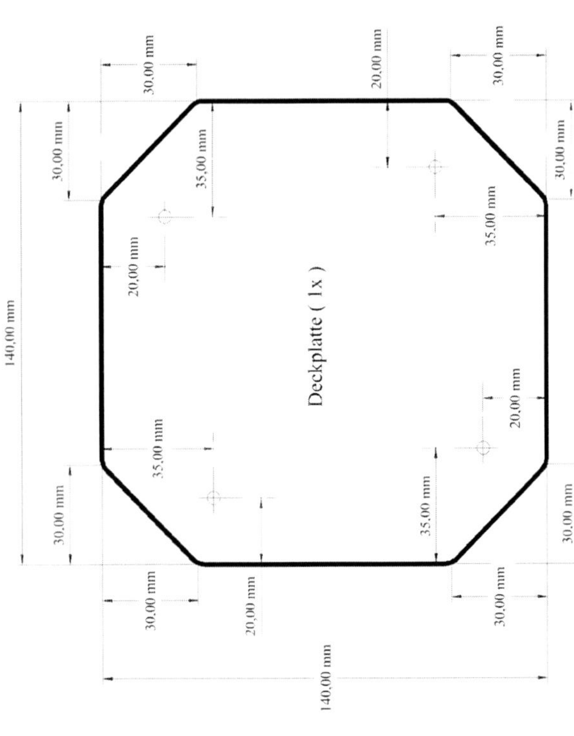

Deckplatte (1x)
140,00 mm
140,00 mm
30,00 mm
20,00 mm
35,00 mm

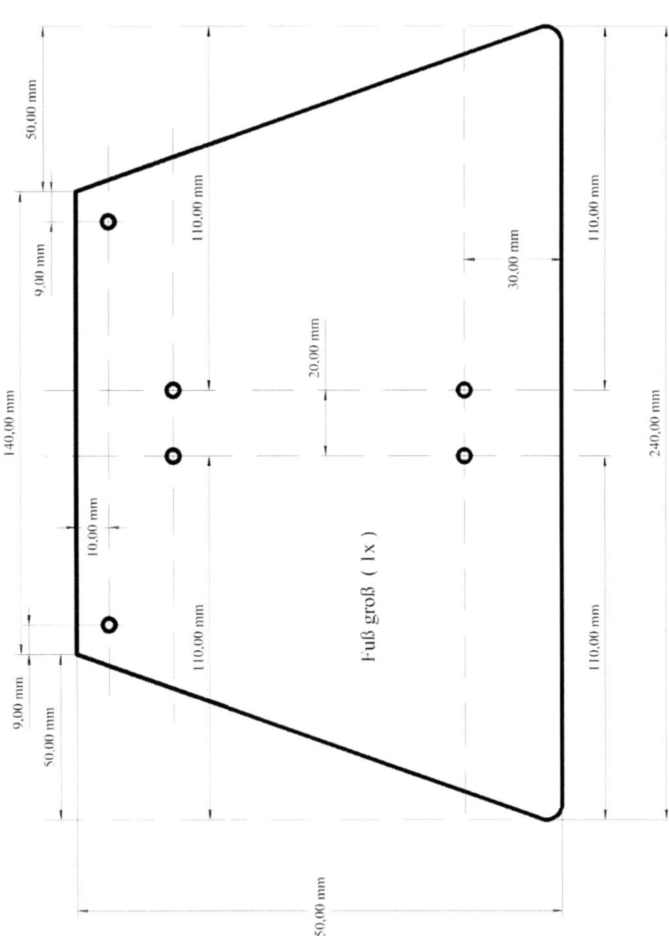

Fuß groß (1x)
50,00 mm
9,00 mm
140,00 mm
10,00 mm
110,00 mm
20,00 mm
30,00 mm
240,00 mm
150,00 mm

➲ Die Einzelteile des Kerzenständers sollten nach dem Sägen, Schleifen, Feilen und Bohren so aussehen:

➲ Bei der Montage beginnen wir mit den kleinen Füßen. Diese werden auf der Innenseite des Winkels angebracht und mit den Schrauben befestigt. Die Schrauben sollten von der Fußseite eingesteckt werden. Dann endfest anziehen.

KOHL VERLAG METaLL Bearbeitungsmethoden – Bestell-Nr. 11 835

➲ Im nächsten Schritt montieren wir die kleinen Füße an die große Fußplatte. Dabei nutzen wir die jeweils linke Lochreihe. Die Schrauben werden so angesetzt, dass sie zuerst durch den Winkel gesteckt werden.

➲ Der komplette Fuß sollte jetzt so aussehen:

➲ Um die Deckplatte zu befestigen müssen die kleinen Winkel an den oberen Ecken befestigt werden. Dabei beachten, dass alle Winkel auf der jeweils rechten Seite des Fußes angebracht werden, so wie auf dem Bild unten zu sehen ist.

KOHL VERLAG METaLL Bearbeitungsmethoden – Bestell-Nr. 11 835

➲ Als letzter Schritt wird die Deckplatte montiert. Sie wird oben auf die Winkel aufgelegt und so ausgerichtet, dass die Bohrlöcher übereinstimmen. Dann werden die Schrauben von unten durchgesteckt, die U-Scheiben von oben aufgesteckt und mit den Hutmuttern befestigt

➲ Nun noch den Glasteller auflegen, eine Kerze aufstellen, und schon ist der Kerzenhalter einsatzbereit.

KOHL VERLAG METALL Bearbeitungsmethoden – Bestell-Nr. 11 835